Género Ficción

I0800060

Pregunta esencial

¿Qué nos gusta de los animales?

Un doctor de delfines

Miguel Ísola
ilustrado por Oscar Ospina

Capítulo 1

La promesa

Liz y sus papás están desayunando. Liz quiere ir a visitar el acuario donde trabaja su papá.

—Papá, ya hace un mes que estás trabajando en el nuevo acuario. ¡Quiero conocerlo! —dijo Liz.

—Bueno, tal vez la próxima semana. Todavía no está abierto al público, pero cuando esté todo listo, serás la primera invitada. ¿De acuerdo? —dijo el papa.

—Paciencia, hija, pronto iremos —prometió la mamá.

Y finalmente llegó la mañana del viernes. Cuando Liz salía de su casa para ir a la escuela, su papá le dijo:

—Mañana será la inauguración oficial del acuario. Liz, estás invitada, ¿vendrás con mamá?

—¡Sí! —dijo ella emocionada—. ¡Al fin!

—Recorreremos todo el acuario y te mostraré los animales que tengo a mi cargo. Te sorprenderá ver que son muy amigables —respondió el papá.

—Mañana será un gran día, Liz. Ya verás. Deberás comportarte con prudencia —dijo la mamá con una sonrisa.

—Por supuesto, mamá —dijo Liz.

Capítulo 2

Qué emoción

Al día siguiente, Liz despertó a su mamá.

—¿Qué haces despierta tan temprano, Liz? —preguntó—. Hoy es sábado.

—Llegaremos tarde a la inauguración del acuario —explicó Liz—. Papá debe estar esperándonos.

—¡Pero todavía faltan tres horas! —respondió su mamá, mirando el reloj.

—Puede ser, mami, pero es que tengo muchas ganas de ir —exclamó Liz.

Liz y su mamá llegaron al acuario muy temprano. Había mucha gente. Liz buscó a su papá con la mirada. Estaba ansiosa y su corazón latía fuerte.

De pronto, la puerta del acuario se abrió y allí estaba su papá, vestido con el uniforme y una gran sonrisa en el rostro. ¡Qué emoción tan grande!

—Qué bueno que estés aquí, hijita —le susurró al abrazarla—. Hoy verás a tu papá en acción. ¡Ven conmigo, nos divertiremos mucho viendo a los peces nadar como en el mar!

Liz y sus padres entraron en el acuario. Liz no podía creer la maravilla que veía a su alrededor.

El acuario era muy bello y parecía que estaba en el fondo del mar, rodeado de algas, peces de colores, rayas, hipocampos y estrellas de mar...

—¡Cuántos colores! —exclamó Liz.

—Sí, la vida en el fondo del mar es fantástica. ¿Nunca imaginaste que en el mar había peces tan hermosos?

—Pues no, papá —respondió Liz con admiración—. ¡Y todos parecen ser muy buenos amigos!

—Es verdad. Aquí, en el acuario todos viven en armonía —dijo el papá.

Liz y su mamá estaban muy felices.

Capítulo 3

A lo profundo

Entonces su papá cambió su expresión, actuaba como un profesional.

—Este acuario está dividido en tres sectores —dijo—. Primero, el sector llamado "Costero". Más allá el sector de "Agua dulce". Y al final el sector "Océano profundo". Ese es el mío.

—Ese debe ser el más lindo —dijo Liz.

—Todos los sectores son interesantes —explicó su papá—. Pero el mío es el más grande por el tipo de animales acuáticos que hay allí. Vengan, les mostraré cada uno de los sectores.

Detective del lenguaje	**La oración subrayada, ¿tiene artículos definidos? ¿Cuál o cuáles?**

El papá de Liz las guió hasta detenerse en el primer sector.

—Aquí están todos los animales que viven en las rocas y cuevas cerca de la costa —dijo.

—¡Qué lindo! ¿De dónde vienen tantos animales? —preguntó Liz.

—De todas partes del mundo. Mira, esos cangrejos azules son de Sudamérica. Y aquellos pulpos vienen de Australia —respondió el papá.

—¡Cuántos brazos! —dijo Liz sorprendida.

—Sí, tiene ocho brazos —contestó su papá.

—¿Y eso qué es? —preguntó intrigada la mamá.

—Ah, ese es un erizo y parece un puercoespín del agua —respondió el papá.

—¡Es verdad! —dijo Liz con seriedad.

Después de un rato, el papá las llevó al siguiente sector.

—Aquí están los peces y las algas de agua dulce —dijo.

Liz vio cómo pasaba un pez gato y un grupo de pequeñas tortugas acuáticas. "Parece que estuvieran corriendo carreras", pensó.

—Mira cómo corren carreras esas tortugas, lo hacen como entrenamiento —dijo su papá.

—¡Pues sí! ¡Estaba a punto de preguntarlo! —dijo Liz.

—Los peces y las tortugas de río son más pequeños que los de mar —explicó su papá.

Capítulo 4

Sorpresa submarina

Finalmente, llegaron al sector en el que trabajaba el papá de Liz que era realmente enorme, con las paredes, los techos y parte del piso de vidrio.

Liz entendió enseguida por qué era tan grande. Por debajo de sus pies pasaba un elefante marino. ¡Qué grande era! Sorprendida, Liz se movió hacia un costado y, cuando se dio vuelta, lanzó un grito.

—¡Un tiburón! —exclamó.

—Tranquila —dijo su papá—, estos vidrios son irrompibles.

—Mejor vayamos a ver a los delfines —dijo Liz.

—Claro —rio su papa—, son mis preferidos.

Detective del lenguaje	**La oración subrayada tiene un artículo indefinido. ¿Cuál es? Indica el género y el número.**

Frente a los delfines, Liz se olvidó del tiburón. ¡Qué hermosos y qué ágiles eran! ¡Cómo disfrutaba Liz mirando los delfines y aprendiendo cosas nuevas!

Su papá le explicó todo acerca de ellos y se expresaba con entusiasmo.

Liz nunca lo había visto tan apasionado.

—Ahora debo irme —dijo el papá de Liz cuando terminó las explicaciones—. Es hora de que haga mis mediciones, pero volveré en un momento, ¿está bien?

—Claro, estaremos muy entretenidas con los delfines —dijo la mamá.

Y así estuvieron, mirando los delfines, viéndolos nadar en grupo y hacer piruetas. Liz estaba maravillada frente a ese espectáculo que era nuevo para ella.

De pronto, un buzo se sumergió y comenzó a nadar con ellos, los tomaba de las aletas y les acariciaba el hocico.

—Mira ese buzo, mamá —exclamó Liz—. ¡Qué trabajo más maravilloso! Ser amigo de los delfines y nadar con ellos, ¿no es lo mejor que te puede pasar?

—Mmmm, la verdad es que ese buzo es una persona afortunada... —respondió su mamá.

—Mira, mamá, el buzo está trayendo los delfines hacia acá —exclamó Liz de pronto.

—Mmmm, es cierto —respondió su mamá.

El buzo se acercó hasta el vidrio justo enfrente de donde estaban Liz y su mamá mientras los delfines nadaban a su alrededor. Cuando estuvo bien cerca, comenzó a hacer gestos.

—¿Me estará hablando a mí? —preguntó Liz mirando a su alrededor.

—Creo que sí —respondió su mamá—. Salúdalo.

Liz lo saludó y el buzo le devolvió el saludo. Luego, el buzo puso su cara contra el vidrio.

—¡Papá! —exclamó Liz, emocionada—. ¡Es mi papá!

Respuesta a la lectura

Resumir

Usa detalles importantes para resumir *Un doctor de delfines*.

Detalle	Detalle	Detalle

Evidencia en el texto

1. ¿Cómo sabes que *Un doctor de delfines* es un cuento de ficción? **GÉNERO**

2. Según los detalles de la página 9, ¿de dónde son originarios los cangrejos azules y los pulpos que hay en el acuario? **DETALLES CLAVE**

3. Usa las claves de contexto para hallar el significado de la palabra *uniforme* en la página 5. **SIGNIFICADOS MÚLTIPLES**

4. Usa detalles del cuento para escribir sobre cómo se sintió Liz en el acuario. **ESCRIBIR SOBRE LA LECTURA**

Género Poesía

Compara los textos

Lee sobre los horneros y su nido.

El hornero

(fragmento)

Leopoldo Lugones

La casita del hornero
tiene alcoba y tiene sala.
En la alcoba la hembra instala
justamente el nido entero.

En la sala, muy orondo,
el padre guarda la puerta,
con su camisa entreabierta
sobre su buche redondo.

Allá, si el barro está blando,
canta su gozo sincero.
Yo quisiera ser hornero
y hacer mi choza cantando.

Pues como su casa es centro
de todo amor y destreza,
la saca de su cabeza
y el corazón pone adentro.

La casita del hornero
tiene sala y tiene alcoba,
y aunque en ella no hay escoba,
limpia está con todo esmero.

Y cuando acaba, jovial,
de arreglarla a su deseo,
le pone con un gorjeo
su vajilla de cristal.

Haz conexiones

¿Qué te gusta de los horneros? **PREGUNTA ESENCIAL**

¿Qué te gusta de los animales de *Un doctor de delfines* y *El hornero*? **EL TEXTO Y OTROS TEXTOS**

Enfoque:
Elementos literarios

Ritmo Los poemas tienen ritmo. El ritmo es el modo en que aparecen los acentos en un poema. Cuando lees un poema, puedes seguir el ritmo con las palmas para identificar los acentos del poema.

Lee y descubre En estos versos de *El hornero,* las sílabas acentuadas están resaltadas.

La ca**si**ta del hor**ne**ro
tiene al**co**ba y tiene **sa**la.
En la al**co**ba la hembra ins**ta**la
justa**men**te el nido en**te**ro.

Halla otras sílabas acentuadas en el resto del poema.

Observa que el ritmo es diferente de la rima. Algunos poemas, como *El hornero,* tienen ritmo y rima.

Tu turno

Escribe un poema breve de seis versos. Tu poema puede tener rima o no. Léelo en voz alta varias veces. Busca las sílabas acentuadas y subráyalas.